# Inhalt

**Leasing als Finanzierungsalternative für den Mittelstand**

Kernthesen

Beitrag

Fallbeispiele

Weiterführende Literatur

Impressum

# Leasing als Finanzierungsalternative für den Mittelstand

G. Dengl

## Kernthesen

- Die typischerweise schwache Eigenkapitalquote im deutschen Mittelstand erweist sich verstärkt als Hemmnis bei der Kreditaufnahme über die Hausbank.
- Als interessante Alternativen zur Kreditfinanzierung kommen derzeit das Leasing, das Factoring oder die Inanspruchnahme von staatlichen Fördermitteln in Betracht.
- Vor dem Hintergrund von Basel II und einer sich ändernden Bilanzierungspraxis erweist

sich gerade Leasing als eine attraktive Alternative, da sie einerseits die Liquidität augenblicklich verbessert, und anderseits die Eigenkapitalbasis nachhaltig stärkt.

# Beitrag

Es ist ein Missstand, der schon vor der gegenwärtigen Rezession bekannt war, dass der deutsche Mittelstand an einer chronisch zu hohen Fremdkapitalquote leidet. Nach einer Umfrage von Creditreform haben etwa ein Drittel der befragten mittelständischen Unternehmen lediglich eine Eigenkapitalquote von 10% oder weniger, der Gesamtdurchschnitt liegt bei 18% - immer noch weit unter dem internationalen Durchschnitt (Frankreich: ca. 30%, USA: ca. 50%). (6), (3)
Die Hauptfinanzierungsquelle des deutschen Mittelstandes bleibt dabei nach wie vor der Bankkredit. Vor dem Hintergrund sich ändernder Rahmenbedingungen in der Unternehmensfinanzierung kommen nun sowohl Banker wie Unternehmen unter Zugzwang. Neue Modelle der Finanzierung sind gefragt.

# Finanzierung über Bankkredite

# wird schwieriger

Die in der Öffentlichkeit immer wieder kritisierte Zurückhaltung der Banken bei der Kreditvergabe rührt aus der schlechten Erfahrung der vergangenen zwei Jahre her, hinsichtlich Unternehmensinsolvenzen und damit verbundener Forderungsausfälle. Die Neuregelung der Eigenmittelunterlegung nach Basel II liefert darüber hinaus eine weitere Motivation, bei der Vergabe von Krediten außerordentlich selektiv vorzugehen.
Das Hausbank-Prinzip, das im Nachkriegsdeutschland immer wieder als Garant für eine stabile wirtschaftliche Entwicklung gepriesen wurde, muss daraufhin geprüft werden, ob es noch zeitgemäß ist. Statt einem oft jahrzehntelang bestehenden Verhältnis zwischen Bank und Unternehmen wird nun zunehmend ein Rating über die Kreditvergabe entscheiden. Bei großen Unternehmen wird hauptsächlich ein externes Rating einer führenden Rating-Agentur (z.B. Moodys, Fitch, S&P) herangezogen, bei mittelständischen und kleineren Unternehmen werden die Banken selbst ein internes Rating durchführen. In beiden Fällen gewinnen aber neben der Bilanz und der Gewinn- und Verlustrechnung vor allem die Markt- und Wettbewerbsperspektiven des Unternehmens an Bedeutung. (8) Diese sehen jedoch häufig nicht

zufriedenstellend aus.
Aber auch an unternehmensinternen Verhältnissen gibt es noch Verbesserungsbedarf. So werden von Kreditgebern immer wieder die gleichen Forderungen gestellt, nämlich die Eigenkapitalbasis zu stärken, die Transparenz der Zahlungsflüsse zu erhöhen sowie ein Planungs- und Controllingsystem aufzubauen. (6)

## Finanzierungsalternativen für den Mittelstand

Auf den ersten Blick bieten sich derzeit eine Reihe von Alternativen:
- Leasing, vor allem in der Form des Sale-and-Lease-Back
- Factoring. Dabei werden Forderungsausfallrisiken auf externe Finanzdienstleister übertragen (8)
- Asset Backed Securities (ABS). Der Vorteil von ABS gegenüber Factoring besteht darin, dass sich das Risiko von ABS nicht mehr an der Bonität des Verkäufers der Forderungen bemisst, sondern an der des Schuldners. Ist diese besser als die des verkaufenden Unternehmens, werden Kostenvorteile erzielt, wodurch die Liquiditäts- und Kapitalbeschaffung günstiger wird. (8)
- die Aufnahme von Mezzanine-Kapital (Kapital, das

sowohl Eigenkapital- als auch Fremdkapitalcharakter hat (4)
- staatliche Förderungen. Diese werden in erster Linie über die neue KfW-Mittelstandsbank bezogen, die aus einer Fusion der Kreditanstalt für Wiederaufbau mit der Deutschen Ausgleichsbank hervorgeht. Gefördert werden sowohl Existenzgründer, wie auch etablierte Unternehmen. (8) Bei der riesigen Menge an Fördermöglichkeiten (das Institut für Mittelstandsförderung (IMF) zählt mehr als 1.200 unbekannte und weitgehend ungenutzte öffentliche Fördermaßnahmen) ist es allerdings sehr schwierig ohne Beratung, die individuelle beste Lösung zu finden. (3)

Die Aufnahme von Private Equity, stille Beteiligungen sowie die Ausgabe von Genussscheine werden dagegen nicht als pragmatische Alternativen diskutiert. (6)

Leasing und Factoring/ABS haben unter diesen Alternativen den Charme, dass das Unternehmen sich von innen finanzieren kann, ohne erneut Kapital eintreiben zu müssen. Im einen Fall werden Güter des Anlagevermögens verkauft und zurückgeleast und im anderen Fall das Risiko des Forderungsausfalls transferiert. Beide Wege haben einen sofortigen Liquiditätseffekt, der sowohl das operative Geschäft wie auch die Bilanz entlastet.

# Leasing

Beim Leasing muss grundsätzlich zwischen Mobilien-Leasing (z.B. Fuhrpark) und Immobilien-Leasing (z.B. Verwaltungsgebäude) unterschieden werden. Wenngleich das Mobilien-Leasing etwa zwei Drittel des Gesamtvolumens des deutschen Leasinggeschäfts ausmacht, so steckt doch in gerade im Immobilienleasing derzeit mehr Potenzial. Bei der geläufigsten Variante, dem Sale-and-lease-back (SLB) veräußert das Unternehmen eine betrieblich genutzte Immobilie an eine Leasinggesellschaft und mietet das Objekt anschließend über einen Zeitraum von 15 bis 30 Jahren. Nach Ablauf der Mietzeit hat das Unternehmen das Recht, die Immobilie zu einem vorher festgelegten Kaufpreis zurückzuerwerben. (2) Der Verkauf und das anschließende Leasen einer Immobilie hat eine ungleich höhere Liquiditätswirkung als das Leasen eines Fahrzeugs oder eines ganzen Fuhrparks - sowohl wegen des Volumens, wie auch wegen der Langfristigkeit. Deshalb ist es in der gegenwärtigen Situation für viele Unternehmen so interessant geworden, über diese Finanzierungsalternative nachzudenken.

Alle Güter des Anlagevermögens werden darauf hin geprüft, ob sie für operative Zwecke notwendig sind, oder eher eine Zusatzfunktion erfüllen, so dass es sinnvoll erscheint, sie zu verkaufen und zu leasen, und das freigewordene Kapital in rentierlichere Operationen zu reinvestieren (Stichwort: Konzentration auf Kernkompetenzen).
Innerhalb des Immobilienleasing macht das SLB derzeit etwa 40% aller Transaktionen aus. (2)

Während eine Bank hauptsächlich auf Grund der Bonität des kapitalsuchenden Unternehmens über eine Kreditvergabe entscheidet, stehen für eine Leasinggesellschaft andere Fragen im Vordergrund. Die Bonität des Kunden ist sicherlich auch wichtig; noch wichtiger sind aber seine Zukunftsaussichten, denn das Unternehmen muss in der Lage sein, über sehr lange Zeiträume die Miete für das verkaufte Objekt aufzubringen. Sollte es in diesem Vertrag zu einer Störung kommen, stellt sich die Frage, ob das Objekt verwertbar ist, d.h. ob es anderweitig vermietbar ist, oder sogar komplett verkauft werden kann. Die Verwertbarkeit wiederum hängt von verschiedenen Merkmalen der Immobilie ab (Lage, Fungibilität, freie Begehbarkeit). Es ist damit klar, dass sich nicht jedes Objekt zum Leasen eignet, weil sich unter Umständen keine Leasinggesellschaft findet, die bereit ist, das Risiko zu tragen. (5)

# Fallbeispiele

1) Leasing von Software
SAP legt ein Finanzierungsangebot für mittelständische Unternehmen vor, bei dem Software, Hardware wie auch Beratungsdienstleistungen geleast werden können. (7)

2) Prognostizierte Entwicklung des Leasingmarktes
In seiner alljährlichen Untersuchung des Leasingmarktes kommt Dr. Heinrich Wassermann zu dem Ergebnis, dass nach den Jahren 2002 und 2003, die von Stagnation geprägt waren, für die nahe Zukunft wieder verhaltenes Wachstum angesagt ist. (9)

3) Leasing in der Kunststoffbranche
Welche Vorteile es hat, dass sich manche Leasing-Gesellschaften auf bestimmte Branchen spezialisieren, zeigt sich unter anderen in der kapitalintensiven Kunststoffbranche. Ingenieure begleiten von Anfang an den Leasing-Prozess und beraten Kunden auch noch nach dem Ablauf des Vertrages über weitere Nutzungsmöglichkeiten gebrauchter Maschinen. (1)

# Weiterführende Literatur

(1) Finanzierungsalternative für die Kunstoffbranche
aus Die SparkassenZeitung, 07.11.2003, Nr. 45, S. 19

(2) Capital Resourcing durch Sale-and-lease-back-Strukturen
aus Immobilien & Finanzierung - Der langfristige Kredit Nr. 19 vom 01.10.2003 Seite 688

(3) Neue Wege für die Finanzierung
aus ProFirma, Heft 10/2003, S. 10

(4) Mezzanine - Kapital Es schwappt was rüber
aus Zeitschrift für das gesamte Kreditwesen Nr. 20 vom 15.10.2003 Seite 1140

(5) Mit Backsteinen kann man kein Geld verdienen
aus Maschinenmarkt Facility Management Nr. 04 vom 10.09.2003

(6) Die neue Offenheit
aus Finanzierung-Leasing-Factoring, Heft 6/2003, S. 237

(7) SAP BIETET FINANZIERUNG FÜR DEN MITTELSTAND
aus IT Business, Heft 44/2003, S. 6

(8) Der Schlüssel zu mehr finanzieller Freiheit
aus ProFirma, Heft 10/2003, S. 14

(9) Leasing im Jahr 2003: 2072 Gesellschaften - Die

alljährliche Analyse des Leasing-Marktes - Teil 1
aus Finanzierung-Leasing-Factoring, Heft 6/2003, S. 242-252

# Impressum

## Leasing als Finanzierungsalternative für den Mittelstand

### Bibliografische Information der deutschen Nationalbibliothek

Die Deutsche Nationalbibliothek verzeichnet diese Publikation in der deutschen Nationalbibliografie; detaillierte bibliografische Daten sind im Internet über http://dnb.d-nb.de abrufbar.

ISBN: 978-3-7379-0422-3

© 2015 GBI-Genios Deutsche Wirtschaftsdatenbank GmbH, Freischützstraße 96, 81927 München, www.genios.de

Alle Rechte vorbehalten. Dieses Werk ist einschließlich aller seiner Teile – z.B. Texte, Tabellen und Grafiken - urheberrechtlich geschützt. Jede Verwertung außerhalb der Grenzen des Urheberrechtsgesetzes bedarf der vorherigen Zustimmung des Verlags. Dies gilt insbesondere auch für auszugsweise Nachdrucke, fotomechanische

Vervielfältigungen (Fotokopie/Mikroskopie), Übersetzungen, Auswertungen durch Datenbanken oder ähnliche Einrichtungen und die Einspeicherung und Verarbeitung in elektronischen Systemen.